AF263594

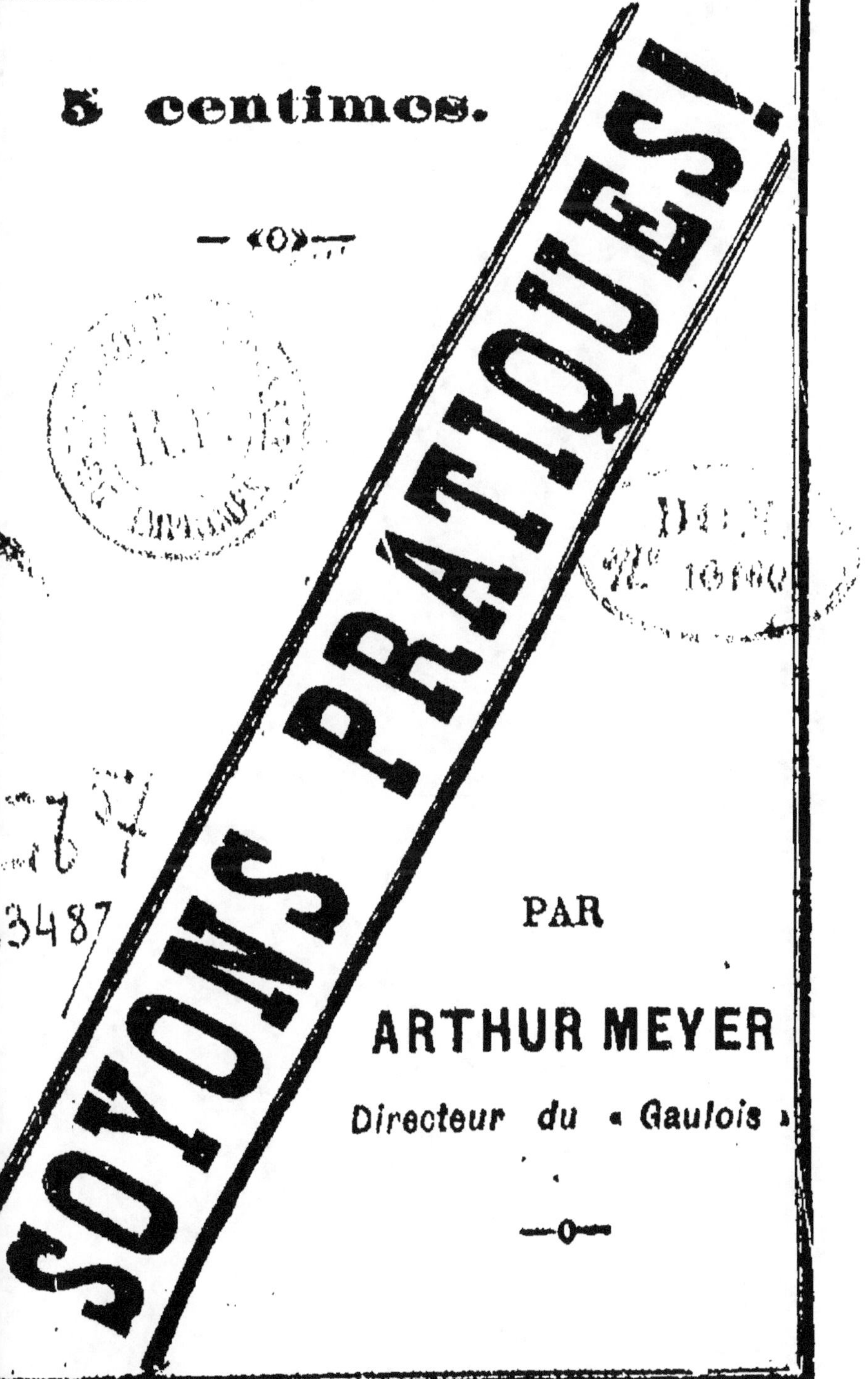

5 centimes.

— «0» —

SOYONS PRATIQUES!

PAR

ARTHUR MEYER

Directeur du « Gaulois »

— 0 —

# SOYONS PRATIQUES !

---

## Qui s'abattent abdique.

Paris, le 24 juillet 1888.

Les républicains disent que le général Boulanger est mort...

C'est entendu.

Ses obsèques civiles ont eu lieu, hier, en grande pompe. Tenaient les cordons du poêle : MM. Floquet, Jules Ferry, Clémenceau et Joffrin.

Mais qu'on scelle bien la pierre du tombeau !...

Ceci dit, je m'adresse aux royalistes.

Les chiffres du scrutin de l'Ardèche, rapprochés des scrutins précédents, montrent que les voix obtenues par le général Boulanger sont, pour la très grande majorité, des voix conservatrices.

Mais tous les conservateurs n'ont pas voté pour lui. Nos amis n'ont pas tous suivi le conseil que nous leur avions donné. Il s'ensuit que le général est battu, qu'il est mort, comme disent les républicains, qu'il est mort pour aujourd'hui !

Dans l'Ardèche, aux élections de 1885, nos amis ont été élus, mais ils ont été invalidés par un scandaleux abus de pouvoir, et c'est un opportuniste qui vient d'être élu grâce à nous, et consolidant ainsi, dans le département, le parti républicain pour les élections de 1889.

La Dordogne a une députation républicaine. Le général Boulanger s'y est présenté, il a été élu; il a donné sa démission, mais il avait fait le trou, et c'est un conservateur, M. Taillefer, qui le remplace.

Que se serait-il produit dans l'Ardèche si le général Boulanger avait été élu? Il aurait donné sa démission, puisqu'il l'a annoncé et qu'il l'a déjà fait, et c'est un conservateur qui aurait été élu à sa place.

Si les royalistes ne voulaient pas voter pour le général Boulanger, pourquoi n'ont-ils pas présenté un candidat? La *Gazette de France* le leur a conseillé : ils ne l'ont pas plus écoutée qu'ils ne nous ont écoutés nous-mêmes.

Seulement, pourquoi la *Gazette de France* repoussait-elle la candidature Boulanger, quand elle soutenait la candidature Taillefer? M. Taillefer s'est présenté comme voulant rétablir l'Empire au profit du prince Victor. Trois cents Taillefer à la Chambre, c'est le rétablissement de l'Empire, c'est-à-dire le définitif; vous pouvez nommer impunément le général Boulanger dans quatre-vingt-six département, et, qu'il soit ou **non républicain**, qu'il rêve ou non le pouvoir personnel, vous n'aurez jamais fait que du provisoire.

Pourquoi j'ai soutenu la candidature du général Boulanger? Parce que vous n'avez point présenté de candidat vous-mêmes, et que pour moi s'abstenir c'est abdiquer, surtout parce que je considère le général comme la plus merveilleuse machine de guerre que les circonstances nous aient mise dans les mains pour battre en brèche la république.

Le *Gaulois* est entièrement dévoué à Monseigneur le comte de Paris, et je ne prétends point qu'il ait seul ce privilège, fort heureusement pour notre cause; mais je suis aussi entièrement indépendant, et je m'en autorise pour dire ce que je pense, puisque je n'engage personne autre que moi en le disant.

Or, si j'ai soutenu, hier, la candidature du général Boulanger dans l'Ardèche, si je la soutiens demain dans la Somme, dans la Charente-Inférieure, partout enfin c'est parce que le général Boulanger inspire de la terreur et de la haine aux républicains.

Si je me sers de toutes les alliances pour renverser la République, c'est que mes amis les royalistes m'en ont donné l'exemple pour renverser le second Empire; enfin, si je hais autant la république, c'est que M. de Bismarck ne cache pas son désir de la maintenir, et d'achever par là de nous ruiner, de nous déshonorer et de nous perdre.

## L'étape

Paris, le 24 juillet 1888.

Le gouvernement, se ravisant, vient de convoquer la Charente-Inférieure, le Nord et la Somme pour le 19 août.

C'est une façon de plébiscite que M. Floquet offre bénévolement au général Boulanger, et que le général acceptera sans doute, non pas sur son nom, mais sur son programme, ce qui lui permettra de triompher des votes dissolutionnistes et révisionnistes, alors même qu'il ne serait pas élu.

A propos de ces élections du 19, la *Gazette de France* renouvelle aux royalistes son conseil de présenter des candidats : nous ne pourrions que joindre notre appel au sien, si notre distingué confrère M. Charles Dupuy ne nous avait pris à partie. Nous le remercions du témoignage qu'il porte de nos sentiments royalistes : ce témoignage est juste et flatteur. Mais M. Charles Dupuy nous traite de naïf. Halte-là !

Naïf, parce que, d'accord avec la *Gazette de France* sur le but, nous différons sur le moyen ! Était-il un moyen meilleur que le général Boulanger, ou en était-il seulement un autre ? Qu'aviez-vous à demander au général ? que pouviez-vous lui demander ? que lui reproche la *Gazette* ? Pourquoi est-ce un moyen malhonnête ?

D'abord, y a-t-il des moyens malhonnêtes, quand on respecte le droit commun ? Comme le feu, le but ne purifie-t-il pas tout ? C'est très honnête, en effet, de réclamer partout, comme le fait la *Gazette de France*, des candidats royalistes. Malheureusement, il n'y a pas partout une majorité de royalistes, et nous sommes quelquefois obligés de nous rabattre sur des candidats d'une autre nuance. Ce fut aussi très honnête de renverser M. Grévy; mais on nous a donné, au lieu d'un président tête de Turc, un président un peu terne, un peu article de province, pas trop décoratif, pas trop enthousiasmant, mais pas injuriable, qui fait honorablement son tour de France, va satisfaire les bons bourgeois en allant villégiaturer à Fontainebleau, y recevoir les visites et tirer des lapins, sans s'en faire des rentes ; donc sottise, cette honnêteté-là. Qu'avons-nous gagné à être honnêtes ?

Je sais bien que la *République française*, qui nous félicita lors de la chute de Grévy, se lamentait hier sur l'honneur du drapeau et l'honneur de la Maison de France compromis, disait l'aimable feuille par nos agissements ; mais en bonne conscience, ces honneurs-là sont au-dessus des injures ou des éloges d'un rédacteur anonyme de la *République française*.

Voyons, maintenant, ce qu'a fait le général Boulanger ! Nous avions, les premiers, lancé une jolie note sur la dissolution et la révision ; nous avions, obtenu les applaudissements discrets qu'on donne à un ténor estimé, puis le silence s'était fait : le général arrive ; avec sa grosse voix de commandement, il *claironne* la disso lution et la révision, qui semblent choses toutes neuves, et tous les échos en retentissent, et tous les mécontents y trouvent leur cri de ralliement.

Il désoriente d'abord les républicains, puis les concentre sous le coup de la peur; mais que vaut cette concentration ? elle donne aux radicaux l'impopularité du Tonkin et du déficit, elle donne aux modérés le reflet sanglant de la rue Haxo ; le *Rappel* et la *Justice* s'émeuvent de ce que nous avons appelé le général Boulanger « un trou », pendant que notre excellent ami Cassagnac l'appelait « un lit ». A la faveur de ce trou, nous entendons entrer dans la république ; à la faveur de ce lit, y coucher la monarchie.

Que reprochez-vous enfin au général ? Son programme et son entourage. Oh ! là-dessus, d'accord !

Son entourage a coûté au général la Charente, Déroulède, sa démission, son coup d'épée et l'Ardèche. Soyons généreux et n'insistons pas sur la question du comité.

Son programme ? mais qu'en savons-nous, si ce n'est qu'il est républicain et qu'il rêve la constitution d'un parti national sous l'étiquette de la république ?

Je n'aime pas mieux ça que vous, mais je l'aime encore mieux que la république de M. Floquet, protégée officielle de M. de Bismarck.

Et puis, qui nous dit qu'abreuvé d'amertumes, d'injures et d'outrages, le général ne finira pas par s'apercevoir que, du moment que la république ne peut être nationale, la nation peut cesser d'être républicaine.

Enfin, n'avons-nous pas vu dans un exemple récent, un soldat loyalement conservateur nommé par des monarchistes subir la fatalité de la république ?

Ne pourrait-on pas voir un soldat loyalement républicain, créé par des républicains, subir la fatalité de la monarchie ?

N'est-ce pas à nous d'y travailler ?

Mais n'allons pas si loin d'un coup: prenons le général Boulanger comme une étape, comme une machine de guerre.

Et pour moi, je déclare que, si elle n'existait pas, il faudrait l'inventer !

## Après le trou la trouée.

Paris, le 31 juillet 1893.

Dans le *Matin*, M. Emmanuel Arène, — qui est, avec M. Charles Laurent, directeur de *Paris*, un des rares journalistes qu'ait produits la république, malgré cette grande ennemie des journalistes qu'on appelle la liberté de la presse, — M. Emmanuel Arène s'efforce de prouver que le général Boulanger est mort sous le ridicule, que le Boulangisme ne recrute plus un seul républicain ; il répète avec M. Millerand, dans la *Justice*, que je ne suis pas vieux jeu comme la *Gazette de France*, — qui a le rare mérite d'avoir un vieux dévouement, — que j'ai inauguré une politique nouvelle pour les royalistes ; et, après m'avoir bien raillé, il croit m'embarrasser en me disant :

— Je vous attends aux élections générales ! Nous verrons comment les royalistes feront campagne avec les petits souliers où vous les mettez ! Ah ! ah ! et oh ! oh !

D'abord, mon cher confrère, êtes-vous sûr que le général Boulanger soit mort et même qu'il soit ridicule ? Blessé dans un duel loyal, où M. Floquet, très correct, a eu plus de chance que d'adresse, il a voulu montrer, à certains journalistes railleurs, qu'il n'était pas si mort qu'ils lo disàient? Je sais bien que vous ajoutez que, lorsque sa voiture a passé devant Guignol, Guignol s'est arrêté. Connaissez-vous Guignol? Eh bien, c'est toujours Polichinelle qui rosse le commissaire. Le public est toujours du côté de Polichinelle, du côté de celui qui rosse le gouvernement. Vous saisissez l'apologue.

S'il ne s'agissait que de tuer le général Boulanger, — le tuer dans sa popularité, entendons-nous, — je veux bien admettre que quelques hommes d'esprit du parti républicain, Scholl, vous et quelques autres, vous y feriez merveille. Mais, pour tuer le boulangisme, il ne suffit pas d'avoir de l'esprit: il faudrait encore avoir de la raison.

Eh bien, voyons si vous en avez, de la raison!

*
* *

D'où vient le boulangisme?

De ce que le pays est mécontent de la politique des républicains, de ce qu'il voit que les républicains ne peuvent pas ou ne veulent pas en changer, de ce que l'opposition conservatrice, dans sa double forme royaliste et bonapartiste, ne paraît pas vouloir le délivrer, n'importe comment, **de** cette politique et de ces hommes.

Que devait faire la république pour tuer le boulangisme?

En supprimer les causes, c'est-à-dire, changer de politique. Elle devait gouverner par le président et par ses ministres, au lieu de gouverner par les Chambres, et gouverner de manière à ce que le pays se sentît gouverné, et gouverné par en haut, comme il doit être, au lieu d'être gouverné par ceux qui doivent simplement contrôler le gouvernement. Elle devait, en même temps, faire des économies. Le pays n'est pas bien difficile : il demande à être gouverné avec plus de fermeté et avec plus d'économie.

Voilà ce qu'il fallait faire pour tuer le boulangisme! Et, du même coup, vous auriez abattu toute l'opposition, parce que vous auriez montré votre force et votre sagesse. Mais vous-même, mon cher monsieur Arène, vous faites le plus éclatant aveu de votre impuissance. Vous dites, en effet :

— Par les *clairs soleils*, notre parti se débande.

Donc, vous avouez qu'il vous faut la pluie et l'orage. Comment vous mettre d'accord avec la France, qui ne veut ni orage ni pluie, mais de *clairs soleils?*

Pour moi, je vois encore autre chose que le syndicat des mécontents dans le boulangisme : j'y vois aussi la manifestation d'un état d'esprit latent que les royalistes, mes amis, ne soupçonnaient peut-être pas assez ; j'y vois le bouillonnement démocratique-impérialiste.

Les électeurs, en se précipitant sur le nom du général Boulanger, ne réclament pas seulement la fin d'un régime dont ils ne veulent plus, mais encore la consécration de leurs aspirations, et montrent qu'ils ne sont ni républicains, ni bourboniens, ni bonapartistes, mais impérialistes.

Que les bonapartistes ne triomphent pas trop vite ! Je m'explique.

Mon ami M. Paul de Cassagnac a dit :

— En dehors de quelques départements bonapartistes ou royalistes, la France est impérialiste ; mais elle se soucie plus du fond que de la forme, et elle ne tient sérieusement qu'à l'autorité et à l'égalité.

L'honorable directeur de l'*Autorité* est dans le vrai.

Vous me dites que je ne suis pas vieux jeu, que je suis bien moderne, etc. Ces railleries ne me déplaisent pas : je n'y contredirai pas. Oui, j'attends de la monarchie nationale qu'elle soit la grande réconciliatrice, la grande pacificatrice, et, pour cela, en effet, il faut qu'elle ne soit pas vieux jeu, mais, au contraire, bien moderne, comme vous dites. Oui, je crois que le roi est à la France, et non la France au roi. Oui, je suis pour une politique possible et pratique. Oui, je souhaite qu'on ne déploie son drapeau que pour aller à la victoire.

Monseigneur le comte de Paris, qui est non-seulement notre chef, mais encore le plus grand esprit politique de notre parti et du pays, ne m'a-t-il pas donné l'exemple de cette politique? N'a-t-il pas écrit qu'il serait *le roi de tous les Français et le premier serviteur du pays?* Dans ses Instructions, dans ses déclarations, dans son récent discours aux ouvriers de Paris, n'a-t-il pas montré que, lui aussi, il n'est pas vieux jeu, mais qu'il est très moderne? Je me fais honneur de m'autoriser d'un si haut exemple.

Mais ce n'est pas d'hier, comme feint de le croire M. Arène pour les besoins de sa cause, que *le Gaulois* a pris l'initiative de ce mouvement en faveur d'une monarchie *démocratisée et impérialisée.* Relisez les articles de mon cher et regretté ami M. H. de Pène; relisez les articles où, il y a déjà plusieurs années, M. Louis Teste montrait que le retour à l'ancienne monarchie ou même à la monarchie de la Restauration ou à la monarchie de Juillet est impossible, que la monarchie ne peut être que démocratique, qu'elle ne peut être que le second empire combiné avec les nécessités révélées par la république et mis au point, et quelque chose de nouveau se greffant sur les institutions actuelles; relisez, enfin, les récents articles de M. J. Cornély. M. Cornély disait, le 5 juin dernier :

— Nous prenons :

La dissolution et la révision, comme moyens;

La consultation du pays, comme plate-forme électorale;

La monarchie nationale, comme but.

Et, en même temps, il applaudissait à la constitution de la Ligue de la consultation nationale, à son programme et à son but. Née, en effet, de l'explosion des droites, auxquelles Monseigneur le comte de Paris montrait la voie, la Ligue de la consultation nationale voulait d'abord répandre, dans le pays, les idées de protestation contre la Chambre actuelle, contre le parlementarisme ; elle voulait ensuite faire élire des députés révisionnistes, et arriver par là à la consultation nationale.

J'ai entendu dire que certains membres de la Ligue étaient tentés de porter plus haut leur œuvre et de devenir arbitres électoraux, en aplanissant les difficultés, en préparant les voies, sans s'immiscer, d'ailleurs, dans les questions de personnes. J'ai entendu dire aussi, mais je n'en veux rien croire, que ces bonnes volontés s'étaient heurtées à des résistances, à l'opposition d'ambitions contrariées, à la rentrée en campagne de certains exilés du suffrage universel luttant contre ses élus. Qu'importe ! l'œuvre de la Ligue durera. Désormais l'union révisionniste est substituée à l'union conservatrice : l'union révisionniste présidera aux prochaines élections générales.

Alors, vous voyez, mon cher monsieur Arène, combien notre rôle sera facile aux élections générales, et combien peu votre question m'embarrasse. Nous n'aurons qu'à faire ce qui nous a réussi dans la Dordogne, et ce qui nous aurait également réussi dans l'Ardèche si nos amis avaient

voulu; ce qui nous réussira demain dans
la Somme et dans la Charente-Inférieure.

* *

Les conservateurs présentent une liste
révisionniste dans chaque département,
pour obtenir la révision et la consultation
nationale, suivant la formule si intelligem-
ment développée par mon ami M. le mar-
quis de Breteuil. Le général Boulanger se
présente, de son côté, avec le même programme.

Dans tous les départements où la repré-
sentation est complètement conservatrice,
par exemple dans la Loire-Inférieure, dans
le Gers, etc., etc., où elle n'est pas mena-
cée par les républicains, pas besoin de l'appui du général Boulanger. Dans les autres
départements, où le général Boulanger
peut nous apporter l'appui des voix républicaines désabusées ou des voix flottantes,
qui sont beaucoup plus nombreuses qu'on
ne le veut croire, nous voterons pour lui.

Nous suivrons un chemin parallèle, nous
ne suivrons pas une voie unique.

Le général Boulanger sera nommé dans
un certain nombre de départements : eh
bien, comme il ne pourra rester député que

d'un seul, il donnera sa démission des autres, et des conservateurs seront nommés à sa place, comme dans la Dordogne.

Le général Boulanger ne fera plus seulement alors, dans la république, le trou dont je parlais l'autre jour, et qui faisait jeter les hauts cris à l'un de nos plus perspicaces confrères, M. Ranc : il fera une trouée générale, la trouée après laquelle il ne restera plus que des morceaux de la république.

Est-ce clair? Comprenez-vous, maintenant, pourquoi je dis et pourquoi je ne cesserai de dire :

— Votez pour Boulanger dans la Somme, votez pour Boulanger dans la Charente-Inférieure.

En tout cas, c'est une politique. On peut l'aimer ou ne pas l'aimer; mais elle a le mérite d'être claire.

M. Émile de Girardin, mon maître, me disait :

— Ne faites pas la politique que vous aimez : faites celle qui vous sert. Tâchez d'en avoir une, et qu'elle soit bonne. Ayez-en même une, fût-elle mauvaise : cela vaut mieux que de n'en pas avoir. Mais, surtout, gardez-vous bien d'en avoir deux.

Aussi je prierai mes amis royalistes de

ne pas se contenter de critiquer ce plan de conduite, mais de m'en indiquer un autre, s'ils en ont un.

Pour moi, je continue à croire que, en dehors de cette politique, nous courons à deux dangers :

Que le parti révisionniste ou national ne se crée pas au profit de la monarchie nationale ;

Que le général Boulanger ne redevienne le prisonnier inconscient des radicaux, qui, renversés du pouvoir, pourraient avoir besoin de sa popularité, ou le prisonnier des bonapartistes, qui auront, mieux que les royalistes, compris la valeur de l'homme et la puissance de l'idée qu'elle représente.

----

## La Peur.

Paris, le 3 août 1888.

Sous des formes diverses et chacun selon son tempérament, les journaux républicains, le *Mot-d'Ordre*, la *Nation*, le *Paris*, le *Temps*, le *Rappel*, l'*Estafette*, le *Radical*, etc., qui ont bien voulu s'occuper de mon article : *Après le trou, la trouée*, ont tous témoigné du même sen-

timent, que je leur demande la permis-
sion, pour bien faire comprendre ma pe-
sée, d'appeler : *la peur.*

Quelle peur ? Je vais vous le dire.

La peur de la concentration de tous les
adversaires de la république parlemen-
taire, à la tête desquels s'est placé le général Boulanger, avec les adversaires de la
république sans épithète, c'est-à-dire les
monarchistes et les bonapartistes, dans le
but d'enfoncer, aux élections générales,
un coin dans la république, qui fera voler
en éclats cette république.

M. Ranc connaît le danger, il recommande aux républicains de se serrer les
coudes et de se mettre à l'œuvre : pour
lui, le boulangisme n'est pas encore mort,
il peut se reproduire sous cette forme nouvelle.

M. Charles Laurent s'effraie aussi,
mais il veut, à son tour, nous effrayer, et
il me dit :

— Votre homme de paille, après s'être
servi de vous, vous brûlera la politesse !

Je lui répondrai :

— Mon cher confrère, taillons d'abord,
nous coudrons ensuite !

M. Strauss fait des coquetteries à la
*Gazette de France* pour l'entraîner à di-

viser les alliés éventuels qui, réunis, seraient vainqueurs. A la *Gazette de France* de conclure.

Enfin, pour limiter cette rapide revue, — un aimable érudit, M. J. Reinach, profite des derniers jours que M. Lockroy a comptés aux langues mortes, pour m'écraser sous une citation latine. M. Reinach lève les bras au ciel, évoque l'ombre du spirituel et regretté comte d'Haussonville, en appelle à l'honneur de France et à Chantilly. La maison de Chantilly ne répondra pas. La *République française* a la spécialité des invocations à l'honneur de la maison de France, et la chose ne laisse pas d'être des plus amusantes. Mais l'honneur de cette auguste maison n'a besoin d'être défendu par personne, pas même par M. Reinach. A Sheen-Housse et à Chantilly, cœurs et esprits battent à l'unisson, et l'honneur est bien gardé.

Bref, en latin ou en français, avec ironie ou avec gravité, mes courtois confrères montrent leur peur, et leur peur montre que je n'ai peut-être pas aussi tort qu'on croit.

Oui, ils ont peur de voir se constituer et se grouper, pour une œuvre déterminée, qui ne serait que la préface de l'œuvre définitive, un grand parti prenant un chef d'opposition, dont le rôle serait de rabattre et de ramener ces masses flottantes, dont parle M. Henry Maret, qui n'osent pas encore adhérer au principe monarchique, mais qui sont déjà désabusées de la république, et pour lesquelles le général Boulanger serait une transition et une étape.

Les républicains sentent fort bien que c'est un terrain solide, et qu'aux élections générales nous ferions ainsi pencher la balance de notre côté : aussi ont-ils peur.

Combien de départements, en effet, où les conservateurs et les républicains se sont trouvés, le 4 octobre 1885, à quelques centaines ou à quelques milliers de voix près les uns des autres, et où l'alliance du général Boulanger déciderait de la victoire en notre faveur !

Dans six, l'écart entre les voix conservatrices et les voix républicaines est de 100 à 1,000 ;

Dans neuf, de 1,000 à 3,000 ;

Dans sept, de 3,000 à 5,000 ;

Dans douze, de 5,000 à 10,000 ;

Dans quarante-huit, enfin, de plus de

10,000 à l'avantage de l'un ou de l'autre parti.

Les républicains ont eu quatre millions de voix, et nous trois millions et demi. Estimez-vous que le général Boulanger vaut cinq cent mille voix? Eh bien! cela suffirait à notre victoire.

Les républicains ont donc raison d'avoir peur, et, s'ils ont peur, mon plan mérite qu'on s'y arrête et qu'on réfléchisse.

***

## Si j'étais du comité!

Paris, le 7 août 1888.

J'avais lu, dans la *Gazette de France*, le manifeste du comité monarchiste de la Charente-Inférieure, qui recommande l'abstention aux élections. La *Gazette de France* s'en réjouissait; j'attendais mieux encore avant d'apprécier ce document.

Je voulais, en effet, lire les journaux républicains, parce que j'aime bien à savoir ce que pensent mes adversaires, étant porté à faire le contraire de ce qui leur plaît. Or, tous sont satisfaits du manifeste, tous y applaudissent

Si j'étais du comité monarchiste de la Charente-Inférieure, je me demanderais ce qu'il faut penser de cette satisfaction, de ces applaudissements des républicains. Mon but doit-il être de paraître dangereux à mes adversaires ou de leur paraître agréable?

Il est flatteur, sans doute, de s'entendre dire tout haut par ses adversaires :

— Oh! il y a encore des honnêtes gens dans le parti monarchiste!

Mais il s'agit de savoir si les républicains ne pensent pas tout bas :

— Honnêtes, oui! mais un peu bien naïfs!

Il était très glorieux pour nos troupes d'arracher cette exclamation au roi Guillaume, à Sedan :

— Ah! les braves gens!

C'étaient, en effet, des gens qui se faisaient tuer pour leur pays.

Mais je ne blesserai personne en disant que les monarchistes, qui s'abstiendront le 19, ne se feront pas tuer, et que le témoignage des républicains n'est pas pour flatter autant que celui du roi de Prusse.

Comme disait M. Gambetta, nous ne sommes plus aux âges héroïques : nous sommes à une époque pratique, à l'époque de la politique des résultats.

L'honneur de notre parti, dans lequel se drapent nos amis, consiste, me semble-t-il, en ceci :

Ou bien le gouvernement est bon, et, ne fût-il pas de son choix et dût-on en souffrir personnellement, il faut désarmer loyalement, pour le bien de tous, qui vaut mieux que son propre goût à soi ;

Ou bien il est mauvais, il mène le pays, intérieurement, à la ruine et, extérieurement, à l'isolement, pour ne pas dire pis ; et il faut le combattre sans trêve ni merci, avec toutes les armes et par tous les moyens.

Tout le reste, illusions généreuses. Je les ai eues, je les comprends donc. Mais j'avais une excuse : j'étais jeune et n'étais membre d'aucun comité.

C'était au 4 septembre. On envahissait le Corps Législatif. Au premier rang des envahisseurs, qui étais-je étonné de voir ? Deux membres de l'opposition à l'Empire, célèbres par leur dévouement à l'une des branches de la maison de France. Ils avaient trouvé l'insurrection bonne pour renverser le gouvernement qu'ils détestaient. Ils ne s'étaient pas demandé si le moyen était honnête ou non. A ce moment, comme dit Mme Aubray, je trouvais que c'était un peu roide.

Mais, depuis, j'ai appris que c'était de la politique...

L'un d'eux, que j'aimais tendrement, est mort : c'était M. le duc Decazes.

L'autre, fort heureusement, a survécu à son ami : c'est M. Lambert de Sainte-Croix, un des conseillers les plus écoutés de Monseigneur le comte de Paris et les plus justement estimés du parti monarchiste.

Qu'on aille demander à M. Lambert de Sainte-Croix si le gouvernement actuel mérite plus de merci que l'Empire !

—Moins encore, répondra-t-on. Eh bien, alors ?

Or, M. Ranc a déclaré qu'il n'y avait plus désormais de place que pour les candidats de la Révolution et pour les candidats de la contre-Révolution. M. Ranc et ses amis soutiennent MM. Lair et Bernot dans la Charente-Inférieure et dans la Somme. Qu'ils le veuillent ou non, après la retraite de M. Joffrin, comme avant, MM. Bernot et Lair sont candidats de la Révolution. Donc, c'est par tous les moyens et avec toutes les armes que nous devons les combattre.

Si j'étais du comité, je me serais bien gardé de prêcher l'abstention, pour deux raisons : la première, c'est que, si, grâce à mes conseils, un républicain opportuniste et antirevisonniste était nommé, j'aurais ainsi consolidé la république, ce qui serait d'un grand coupable ; la seconde, c'est que, si, malgré l'abstention des royalistes, le général était élu, j'aurais ainsi démontré, par A plus B, que nous ne sommes rien dans le département, ce qui serait, qu'on me passe le mot, d'un simple jobard.

Si j'étais du comité, je dirais simplement à mes amis :

— Il s'agit, avant tout, de désorganiser et de détruire la république, qui triomphait hier si bruyamment de son prétendu succès dans l'Ardèche ; prenons l'arme qui est bonne pour cette fin sans regarder de trop près à la poignée, et, puisqu'il n'y a pas de candidat monarchique et que s'abstenir c'est abdiquer, votons pour le général Boulanger !

_Recueil d'articles parus dans le_ MARBOIS.

**IMPRIMERIE LUCOTTE ET CADOUX**
21, RUE CROIX-DES-PETITS-CHAMPS, 21.

181

BIBLIOTHEQUE NATIONALE
Désinfection 19
N° 7600

www.ingramcontent.com/pod-product-compliance
Lightning Source LLC
Chambersburg PA
CBHW061756060726

47597CB00007B/2971